꽃 앞에서

韓貞淑 시집
꽃 앞에서

저　자 | 韓貞淑
발행자 | 오혜정
펴낸곳 | 글나무
서울시 중구 수표로 45 비즈센터 905호
전　화 | 02)2272-6006
등　록 | 1988년 9월 9일(제301-1988-095)

2014년 11월 27일 초판 인쇄 · 발행

ISBN 978-89-91356-73-3 03810

값 8,000원

이 도서의 국립중앙도서관 출판예정도서목록(CIP)은 서지정보유통지원시스템 홈페이지(http://seoji.nl.go.kr)와 국가자료공동목록시스템(http://www.nl.go.kr/kolisnet)에서 이용하실 수 있습니다. (CIP제어번호 : CIP2014032095)

꽃 앞에서

韓貞淑 시집

글나무

■ 머리말

삶의 심미 체험과 수채화적 시법

咸東鮮(시인. 중앙대학교 명예교수)

이번에 한정숙韓貞淑 시인은 세 번째 시집 『꽃 앞에서』를 상재한다. 그간 두 번이나 뇌수술을 했다는 소식에 우리는 놀랐다. 곱게 늙으셨다해도 고령을 걱정했던 것이다. 그런데 지난 여름 모임에 나온 한 시인은, 자리에 앉으면서 하는 재담은 좌중을 휘어잡는 것이다. 우리는 비로소 마음을 놓았다. 다만 나들이를 혼자 하지 말라는 주치의 말 따라, 따님과의 동행이 다를 뿐이었다. 식사가 끝나자 한 시인은 시 초고를 내밀면서, '선생님이 시집 세 권을 내라 하셨으니' 하면서 시집 출판을 맡기는 것이다. 첫 시집 『그림자 되어』 두 번째 시집 『하루가 저무는 시간』의 출간에 관여했고, 이번에 서둘러 시집을 내고자 하는 뜻을 읽은 터라, 나는 말없이 '건강을 다스리세요' 하고 그 짐을 지게 된 것이다.

엘리엇은 「시의 세 가지 목소리」에서, 시를 제1의 목소리, 제2의 목소리, 제3의 목소리로 나누었다. 이 나눔은 그간의 서정시, 서사시, 극시 등의 분류법과 차별화된다. 제1의 목소리는 자기 자신에게 말하는 시인의 목소리다. 말하자면 시인 자신의 기분, 기쁨, 한숨, 고통의 표현인 것이다. 그리고 이 목소리는 짧고 집중적이다. 이것이 서정시의 양식이다. 제2의 목소리는 청중에게 발언하는 것이다. 시인이 독자에게 발언하는 것은, 서사시를 비롯하여 교훈시, 풍자시, 개화기 시가 등 사회를 개혁하고자 하는 시도 포함된다. 제3의 목소리는 극시와 같이 시인이 만들어낸 주인공을 통해 말을 하는 시인의 말이다. 시인이 직접 하는 것이 아니라, 한 상상적 인물이 다른 상상적 인물에게 하는 목소리인 것이다.

그의 시는 시종일관 자연, 종교, 가족, 사랑, 이별, 병실 등을 있는 그대로 바라본다. 그러면서도 압축과 생략의 세목은 동양화의 여백을 연상시키거나, 수채화적 소품의 인상미가 풍긴다. 그러나 그의 시는 상투성, 감상에 젖질 않았다. 그것은 그의 인간적인 정서가 녹아 있는 점과 그가 기독교 신자이면서 신앙 고백이나 설교적 시를 지양하고, 고전적 단순성 속에 자기 나름의 시법을 모색하고 있다는 점과 무관하지 않다.

모든 생명체는 늙는다. 늙는다는 것은 살기 위해 적응하는 자연스러운 과정인 것이다. 그런데 이 과정이 서둘러 오는 사람이 있고, 느리게 오는 사람이 있다. 그것은 사는 방법, 태도, 삶의 질과 연관된다는 것이다. 이런 점에서 한 시인의 신앙은 깊어지고, 건강은 좋아질 것이다. 그 이유는 신앙심이 정신적 안정이 되고, 삶에 대한 자신감이 커질 뿐만 아니라 기도하는 일도 운동이 된다는 것이다. 그 예로 모슬린은 하루 20분씩 하루 5회 기도를 한다. 하루 100분 운동하는 결과 남녀의 수명 차이가 거의 없다는 것이다.

이번 시집 『꽃 앞에서』를 서둘러 내는 것은, 두 번의 뇌수술과 무관하지 않다고 보아진다. 시인 김광섭金珖燮은 서울운동장에서 야구 구경을 하다가 졸도 병원에서 치료하던 중 낸 『성북동 비둘기』와 그 이후의 시집은, 생경한 관념을 예술적으로 승화한 그의 대표작을 수록하고 있다.

오래 사는 덕목은 사람의 기능을 갖추고 건강하게 사는 삶을 말한다. 안 늙는 것이 아니라 잘 늙는 법을 아는 한 시인은, 시를 쓰는 즐거움으로 건강을 추스리면서 시집 한두 권을 더 엮기를 바란다.

| 차 례 |

머리말 : 삶의 심미적 체험과 수채화적 시법
/ 함동선 — 5

제1부

홀로 앉아 — 13
섭리 · 1 — 14
섭리 · 2 — 15
순례의 길 — 17
행복지수 — 18
그 말 한 마디 — 19
고난의 의미 — 20
어떤 약속 — 21
착각 인생 — 22
남의 주검 대신 죽은 자 — 24
가는 날 — 26
하루가 소중한 사람 — 27
그대는 — 28
중생 — 30
성찬 예식 — 31

제2부

병실에서 — 35

간병 일지 — 37

쓰레기 — 38

갈등 — 39

안타까움 — 40

꽃 앞에서 — 41

꽃에게 — 42

봄비 — 43

바람 — 44

나목 — 45

청산은 — 46

오늘 떠오르는 해 — 47

제3부

시작 메모 · 1 — 51

시작 메모 · 2 — 52

사랑은 — 53

길 — 55

시집살이 — 56

이별은 · 1 — 57

이별은 · 2 — 58

친구의 이별 — 59

일상 — 61

인생 — 62

여운 — 63

삶의 노정 — 64

작품 해설 : 본향의 해안으로 돌아오는 귀향의 시 / 송용구 — 67

제1부

홀로 앉아

홀로 앉아 바라보는 먼산
그리움으로
티 없이 청정하다

홀로 걷는 산길
바람 소리 새 소리
계곡 물 소리의 화음

홀로 황혼을 바라보며
생을 반추하는 시간
오직 내 탓이던 잘못 앞에
새 기도문을 쓴다

섭리 · 1

누구의 솜씨여서
때 되면
약속된 모습으로 다가오는가

개나리 노란 빛으로 문 열고
진달래는 붉은 빛으로 문 열고
잎새들은 푸른 옷을 입는다

정해진 삶의 노정에서
맡은 바 일에 충실하며
순리로 사는 삶

사람들아
세월을 거스르다
왜 추하게 얼룩지는가

섭리 · 2

나이 듦에
시력이 다하면
새로운 안목이 열리는가

이면을 보게 되고
근원을 보게 되고
가야 할 길을 보게 된다

청력이 닫히면
소리 아닌 소리를
가슴으로 듣고

치아가 무너지면
늦게나마
소식의 유익을 깨닫는다

기억의 편린들은
꿈 이야기가 되어
이어졌다 끊어졌다
버려야 할 때에 이른다

육신의 소욕을 버리고
공의 충만으로 채비하면
원점으로 돌아갈 발걸음이
얼마나 가볍고 자유로운가

순례의 길

순례의 길 가는 동안
기쁨을 만나고자 하면
슬픔이 다가오고
슬픔이 비켜가고 싶을 때
기쁨이 다가와

외면할수록
커지는 고난은
극복만이 성취에 이르고
시련은 다가온 만큼
빛난 훈장을 내민다

짧은 여정
어떻게 사느냐 고민될 때
기대를 저버리고
최선을 다하고 나면
세상은 뜻 깊고 아름답다

행복지수

내사 마
문둥이 보다 편타

보채는 자식이 있나
때 채근할 삼식이가 있나
일어나고 누울 때
정한 시간에

찬물에 밥 말아 김치로 넘겨도
평안이 약 되니
탈 날개 없다

남새 밭에 푸성귀
뒷산에 누울 자리
사나 죽으나
넉넉한 살림살이

가진 게 적을수록
풍요로운 세상
살 줄 모르는 사람들로
세상이 시끄럽기만 하다

그 말 한 마디

어릴 적 엄마 품안은
편하고 따뜻하고 행복했다
죽을 고비 병원서 치르고 퇴원하니
엄마 자리에 남편이 앉아
투정과 엄살 부리다가 후유증 겁내는 내 모습 보고
수술 자리 쓰다듬다 어루만지다
금년만 지나면 염려 말라는 그 말 한 마디가
내게는 약이 되고 힘이 되고 희망이 되었다
사랑이 제일이라는 성경 말씀과 같이
정녕 사람의 말이 아니라 신의 말씀이기에
그 말 한 마디 때문에
나의 감사 기도는 시가 되었고
나의 병은 기적적으로 회복을 하게 되었다

고난의 의미

고난은
내게 부족한 것이 무엇인가
깊이 생각해 보는
특별 기도 집회를 하는 날이다

어떤 약속

꽃 피고 새 우니
돌아온 님은
봄이였네요

노란 은행잎이
길을 덮고
찾아온 님은
가을이네요

계절의 약속을
평생 배우며 살았는데

사람의 약속은
어기는 데 의미가 있는가
당신만을 사랑하니
부르는 노래
들은 적 있었는가
들리지도 않네

착각 인생

주례 앞에서 서약했던 바
살아 가면서
지킨 것 없어도

콩깍지 갈아 끼우면서
언제나 내 편한 쪽으로
착각하며 산 인생 아니던가

행 불행의 지번을
갈라 놓는 착각은
벼락을 두 번 맞고
죽을 수 있다는 확률도
무시되고
행운은 이미 내 것인 양
복권을 산다
오늘 하루
억만 장자된 행복감
자성의 선택은
이미 시위를 떠난 계율인데도

자식들 앞에서만은
올바르게 살아야 한다고
엄히 군다

남의 주검 대신 죽은 자

한 성직자의
숙연한 장례 행렬이 지나갔다
어느 날
권력자의 장례 행렬이
요란하게 지나갔다
해가 가고 봄이 오는 길목에서
한 수도승의
소박한 장례 행렬이 지나갔다

화려한 행렬도
초라한 행렬도
지나간 후면
잊혀지긴 마찬가진데

천 년이 지나고
다시 천 년이 지나도
잊혀지지 않는
장례가 있었다

상여도 상주도 없이

남의 묘실에 장사된 이
남의 주검 대신 죽은 자

하늘이 땅에서 먼 것같이
삶과 주검이 먼 것같이
죽어서 주검되는 사람
죽어서 다시 살 주검된 자여

가는 날

이대로 떠난다면
두고 가는 세상은 아름답고
사랑했던 이들은
슬프기도 하겠지

준비 없는 이별
홀로 가는 그 길
잊어야 할 사람에겐
흘러가는 세월이 약 되겠지

말똥에 굴러도
이승이 좋다고는 하지만
가기만 하면
돌아올 줄 모르는
그 나라가
정녕 좋긴 좋은가보네

하루가 소중한 사람

살인자와 살인 미수자에게
사형과 종신형이 선고되었다

하루가 소중한 사형수는
하나님 앞에서 해야 할
한 마디 말 때문에
궂은 일 힘든 일 찾으며 변한다
나날이 착한 사람으로

한순간 실수로 마귀가 되었으나
방향을 바꾸니 천사가 되는 것을

이름 없는 성직자로
거듭 났으나
형장의 이슬로 사라졌다

살았으면 좋았을 그 사람
죽어서 영원히 살고

죽어도 좋을 사람들은
살아서 영원히 죽는다

그대는

그대는
해로 떠 있었던가

서녘
산 넘어로 사라지면

나의 세상은
정막강산

눈 감으면
헤매던 꿈길일지라고

날이 새면
저 높은 곳으로부터

빛으로 오리란
믿음 때문에

희망의 끈을 잡고
때를 기다릴제

기쁨의 새날 될
깃발은 펄럭이고

그대는 또 다시
해로 뜨는가

중생

왕이 되고자 하는 내 앞에
종으로 오시네

대접받을 기대로 차 있을 때
섬기려 왔노라 말씀하시니

커지고 싶은 욕망 누르고
작아지신 당신 모습 바라보면서

낮은 자리로 돌아와 서니
빛과 사랑으로 넘쳐나네요

성찬 예식

내가 신이 되고자 할 때
인간이 되게 하시고
내가 위로 오르고자 할 때
가장 낮은 자리로 오시네요
극한과 대적하고 있을 때
가장 힘든 한계를 택하시고
자아 실현을 위해 싸우고 있을 때
자기 희생을 택하시네요
목숨을 부지하자고 달아날 때
대신 죽어 주신이여
죄의 댓가를 지불하시고
소생케 하신이여
그대 기억하며 잔을 듭니다
시름을 잊는다고
고통을 감춘다고 마시는 잔이 아니라
십자가 고난을 깨닫기 위해
눈물의 이 잔을 듭니다

제2부

병실에서

그날이 오면
하던 일 손 놓고
가야 하건만

일 때문에 소진한 육신은
병실에서 링거 꽂은 내 몰골
TV속 주인공이지만

달빛 닮은 찔레꽃
향기도 서럽다는데
나 지나온 발자욱마다
세월에 젖은
스스로가 대견하다

평생 고달팠던 울 엄니
자식들의 눈물을 효심으로 받고
고생을 낙으로 알고 산다 하던 말
누워 있으니 더 새롭다

그 그루터기에서

싹 나고 열매 맺었으니
손 씻고
돌아갈 채비할 여유로움이
때로는 앓는 일도 유익하구나

간병 일지

손 털 줄 알았던
간병 일지가
굴곡을 알 수 없는
수심 따라 흘러흘러
지는 해에 닿았다

시 한 수 쓰지 못한 채
한꺼번에 보내버린 기축년

섣달의 시린 달빛도
반달을 키우던 꿈 때문에
나 홀로
쓰지 못한 시를 충전한다

쓰레기

도로변 점포 앞에
축 개업 화환이 즐비하다
해 지기 전에 꽃 시들고
떨어진 스티로폼이 밟힌다

문명의 이기는
잃어버린 낙원의 노을이 되어
쓰레기 더미에 내려앉는다

보다 빠르고
보다 편리하자는 이 세상
썩지 못할 쓰레기 더미로
질주해 간다

한 알의 밀알이 썩어
열매를 맺는데

썩지 못하는 쓰레기들이
돌아갈 고향에 가지 못하고
피눈물 흘리고 있다

갈등

생각하는 나와
행동하는 내가 등을 대고
서로 보지 않는다

주장하는 말이 옳아
기우는 쪽으로
마음은 점철된다

더러는 연민을 품는 쪽도
편역을 드는 쪽도
모두 옳은 것과 다르다

비록 손해되는 일이라도
옳은 쪽 잡아 주면
영화를 누리는 가책보다 자유로움이
해를 따라가는 길이 보인다

안타까움

꽃 피면 꽃 지고
가을의 낙엽은
바람 따라 떠다닌다
눈발이 흩날리는 이른 새벽
나목에 앉아 떠는 참새의 발 시리다

꽃 앞에서

바라보는 것만으로
꽃을 말할 수 있나
다가갈수록
경이로운 빛과 향

사람에게 다가갔다가
실망과 상처로
돌아섰던 일들이 떠올라

꽃 앞에서
꽃 닮기를 기도하면
사람이 꽃보다 아름답다는데

꽃보다 아름답게 사는 법
꽃 향기로 젖은 편지
가슴으로 읽는다
이 봄에

꽃에게

5월의 햇살
꽃잎에 담고
네 향기로운 언어로
시를 읽는다

사람 사는 세상에
사랑으로 다가와
빈손으로 베푸는
넉넉한 향연

더러는
상처 깊은 사람들의
바람 불고 비 오던 추억도
눈물 짓게 한다

별이 뜬 밤에도

봄비

온 세상이 세례받는 날
다시 태어나는 경이로움이여

설한은 남루 벗어버리고
싱그럽게 춤추는 축제 마당에는
설레임의 출발점
만상이 깃발로 펄럭인다

봄비는
우주의 신비
열리는 새 하늘 향해
손 높이 들게한다
천둥조차 합성으로 울려 퍼진다

바람

그대 오시는 날
한 줄기 푸른 가지로
잎 세우고

철 따라
꽃 피우고 열매 맺으면
떠나가는 날
인연은 낙과가 되고

바람은
언제나
가는 듯 다시 오는데
흔들렸던 자리마다 앙금만 남는다

나목

입동 지난 나목은
엄마의 침묵으로 서 있다
흙속에 묻힌 뿌리로부터
물을 빨아들이고
눈부신 햇빛으로
잎이며 열매를 보듬어 키운다
계절이 지나면
바람에 서걱이는 잎새는
엄마의 푸념이듯
지는 햇살에 낙엽 진다
나목은
엄마의 엄마 그 이전부터
자식의 자식 그 이후까지
희생의 다짐
노쇠한 엄마의 등 뒤로
강이 되어 흘러간다

청산은

삶에 절은 먼지는
입산 지점에서 털어버리고
지난 날의 남루는
청솔 가지에 걸치니
산은 점점
깊은 산이 되네

적막을 타고 들려오는
청산의 소리는
흔적 없는 바람처럼

자유롭고 아름다운 것으로
내 의식을
흔들어 깨우며
메아리를 통하여
신의 음성을 듣게 한다

오늘 떠오르는 해

생애 단 하나뿐인
오늘 해가 떠오른다
내일 해는 내일의 것이고
나의 해는 오직 오늘 뜬 해다

인연 따라 오고 가는
하고많은 그 으뜸이
해가 아니던가

빛 따라 태어난 소망을
꽃으로 피우며
절망을 이길 약속의 계시로
무지개를 높이 걸어 둔다

해를 향하면
살아 갈 길이 보이고
빛을 보듬으면
행복을 깨닫게 된다

제3부

시작 메모 · 1

여위어 가는 그대 위해
엑기스 음료에
천사의 옷을 주문하고

최상의 품격과
절제된 언어로 속삭이며

가슴 뛰는 감동을
불러일으킬
나만의 노래로

정녕
돌아 설 수 없는
그대 앞에 선다

시작 메모 · 2

세상에 하나뿐인
꿀샘 찾아
꽃술 입에 물고
한마리 나비된다

사랑은

사랑은 아름다워라
온 세상 가득찬 노랫말이다

서로가
사랑한다 말했던 이들이
아름다운 모습을 저버리는 것은

서로가
다르게 살아온 세월로
다른 세상 사람된 탓인가

베품이 복이 되는 사람과
누림이 복이 되는 사람 사이가

동에서 서가 먼 것 같이
하늘이 땅에서 먼 것 같이

사랑은
너무나 위대한 것이어서

사람은
감히 흉내 낼 수 없는
그분 만의 속성

그의 그림자로 살아가는 사람들이
사랑하노라
행복하노라
미완의 노래가 처량하다

길

되돌아 보이는 길은
바라다 본 길보다 아름답다

가야 할 길의 아득함이랴
살아서 가다가
죽어서도 가는 길

아픈 다리 절면서도
하루를 이루고
십년을 이루고
생을 이루는 길

길섶에 핀 꽃들의 이야기나
스쳐가는 바람의 속내에도
저마다
가야 할 길이 있었다

슬프면 슬픈 대로
기쁘면 기쁜 대로
신비를 향한 길은
강이고 바람이고 세월이다

시집살이

시집살이 수십 년에
비켜 다니는 발걸음
웬만한 장애물에도 길을 닦는다

그 길목은
나만이 알아볼 수 있는
느티나무 이정표
세울 줄도 알게 되었다

순간마다 갈리는
희망이란 화살표 쪽으로
체념이란 화살표 쪽으로 가노라면
수수께끼 같은
훈장이란 깃발이 나부꼈으니

올바른 선택에
스스로 대견해하며
감사 기도 드리는 시집살이

이별은 · 1

이별은
만남이 가져다 준 풀씨

계절이 돌아설 때마다
기억은 홀씨로 남아

바람을 타고
뜰에 앉는다

이별은 · 2

비로 내리는 추억은
격정의 천둥이 되어
꽃을 일으켜 세운다

가슴 아리는 것
비단 연서되어

이별 저 너머로
띄워 보내니

또 다른 이름의 이별이
만남의 얼굴로 다가와 선다

친구의 이별

기축년 정월 초사흗날
간만에 마주 앉아 점심 먹으며
호섭이 아버지 보내던 날
그 때 일 함께 생각했으니

이월 열 하룻날 신새벽
호섭이 아버지 따라 가버린
영희는

외아들 먼저 보낸 일 말고는
평생 고난 없이 잘 살았는데
남모르는 슬픈 세월이었든지
출상날 온종일 비가 내리네

사람은 늙을 수 있어서 좋겠다는
로보트의 말보다
사람은 죽을 수 있어서 행복하다는
사람의 말이 맞는 말이다

인생의 완성은

어떤 모습으로 떠나가는가에 따라
남은 자의 가슴에
새겨지는 명암이다

일상

바쁜 일로 잃은 나를
별을 보며 말한다

하나뿐인 나
사랑으로 부유하고
고통에 자유롭고
죽음에 관대하자

하지만
육신은 정신에 등 돌리고
낙심하고 작아진다

하루가 저물면
또 새날은 밝아오는데
나이테만 늘어난다

사랑하다 미워하다 죽는다 해도
잃은 것보다는
얻는 것이 많은 게
우리 인생이다

인생

고난을 당한 때나
행운을 만난 때나
미인박명의 세상
살다 보니
모자람에 오히려
위로가 되는가

말로 이르지 않더라도
잔잔하게 읽는
속내 깊은 사연

바람이 자나가듯
구름이 흘러가듯
순리의 끝간 데

인생의 따사로운 열기로
비 바람 이겨내고
아름답게 가꾼 꽃 아니던가

여운

돌아올 기약이 있음에도
보내는 마음은 늘 섭섭하다

세월 가는 길목에서
그리움은 강물의 수심되고

휘파람 소리에도
메아리가 되는

별이 뜬 내 동자에
그대 남는다

만나고 헤어지는 삶
누구나 겪어 본 일 아니던가

새삼스레 불러본 내 노래가
스스로 마중나온 반가움이다

삶의 노정

집착을 버리지 못해
삶의 무게가 버거우면
적막강산으로 오는 한기를
한 줄기 바람으로 보내고

간이역을 거쳐
정점 같은 여정을 되돌아 보면
코스모스 군무로 다가왔다가
하모니카 소리로 떠나가는 모습

소중한 만남의 신비로움이
빛 되고 바람 되고 이슬 되어
잠시 머물다 가는 자리에
향기로운 꽃으로 핀다

작품 해설

본향의 해안으로 돌아오는 귀항歸航의 시 / 송용구

본향의 해안으로 돌아오는 귀항歸航의 시

—한정숙 시집 「꽃 앞에서」

송 용 구
(시인, 문학평론가, 고려대 연구교수)

한정숙 시인의 시집 『꽃 앞에서』는 시인의 구도자적 자세가 시 창작의 출발점이라는 것을 다시금 상기시켜 주는 잠언시箴言詩들의 집이다.

이 시집의 첫 작품부터 인생의 황혼을 맞이한 시인의 욕심 없는 마음이 돋보인다. 시인의 무욕無慾은 자연의 숨결을 받아들이는 생명의 소통을 풍요롭게 가꾸어 준다. 시 「홀로 앉아」를 만나보자.

홀로 앉아 바라보는 먼 산
그리움으로
티 없이 청정하다

홀로 걷는 산길
바람 소리 새 소리

계곡 물 소리의 화음

홀로 황혼을 바라보며
생을 반추하는 시간
오직 내 탓이던 잘못 앞에
새 기도문을 쓴다

—시 「홀로 앉아」 전문, 시집 『꽃 앞에서』

"홀로 황혼을 바라보며 생을 반추하는 시간"에 "티 없이 청정한" 무욕의 마음속으로 흘러들어오는 "바람 소리", "새 소리", "물 소리"의 화음和音이 들려온다. 자연의 시각적 아름다움이 청각적 아름다움으로 변주變奏되어 사람과 자연 간의 생명적 화합을 결속시킨다. 또 다른 시 「섭리 · 2」에서 시인은 "육신의 소욕을 버리고 공空의 충만으로 채비하면 원점으로 돌아갈 발걸음이 가볍고 자유롭다"라고 말한다. 이처럼 "소욕"을 허허로이 비워낸 내면의 고백에서 알 수 있듯이 시인의 마음속에서 무언가를 소유하려는 욕망이 비워지면서 "충만"하게 채워지는 것이 있다. 그것은 바로 "공"이다. 이 "공"은 말 그대로 아무 것도 없는 무無의 상태다. 그러나 공空과 무無의 내밀함 속에 깃들여 있는 자연의 생명력을 보라. 마음의 눈으로만 볼 수 있는 자연의 몸짓과 영혼의 귀로만 들을 수 있는 생명의 소리가 내면의 그릇에 가득 차서 넘쳐 흐른다. 시 「섭리 · 2」의 길로 걸어가 보자.

나이 듦에
시력이 다하면
새로운 안목이 열리는가

이면을 보게 되고
근원을 보게 되고
가야 할 길을 보게 된다

청력이 닫히면
소리 아닌 소리를
가슴으로 듣고

치아가 무너지면
늦게나마
소식의 유익을 깨닫는다

기억의 편린들은
꿈 이야기가 되어
이어졌다 끊어졌다
버려야 할 때에 이른다

육신의 소욕을 버리고
공의 충만으로 채비하면
원점으로 돌아갈 발걸음이

얼마나 가볍고 자유로운가

—시 「섭리 · 2」 전문, 시집 『꽃 앞에서』

"새로운 안목이 열린다"라는 시인의 고백은 그의 내면에 채워지는 자연의 생명력이 감성의 에너지로 작용하여 황혼녘의 새로운 길을 연다는 것을 의미한다. 이 "길"은 시인의 길이며 "근원"을 향해 기어이 "가야 할 길"이다. 그가 지향하는 근원과 "원점"은 황혼의 언덕을 넘어 이르게 될 죽음의 문으로 고정되지는 않는다. 시인 라이너 마리아 릴케R. M. Rilke가 「두이노의 비가」에서 "죽음에 가까이 다가갈수록 죽음이 보이지 않는다"라고 노래하지 않았는가?

영혼의 "새로운 안목이 열리는" 시인에게는 죽음의 문을 통과하여 만나게 될 '열린 세계'가 곧 그의 근원이자 원점이다. 자연과 사람이 한몸이 되는 세계, 시작은 끝이 되고 끝이 시작이 되는 세계, 시간과 공간의 한계를 초월하는 세계, 주체와 객체가 하나로 녹아드는 세계, 모든 "소욕"을 버리고 자신의 모든 것을 잊어버리는 세계, 새의 깃털처럼 "가볍고 자유로운 발걸음"을 갖지 않고서는 다다를 수 없는 세계가 곧 근원이자 원점의 세계다. "드넓은 모태에서 비좁은 세상으로 나왔다"라고 탄식했던 릴케의 비가悲歌에 비추어 본다면 시인은 이 "비좁은 세상"의 통로를 지나 막힘 없고 한계 없는 "드넓은 모태"의 세계로 귀향하고자 하는 것이다.

마르틴 하이데거M. Heidegger의 철학적 표현을 빌려온다면 시인은 "지금 이곳에 내던져진" 존재다. 내던져졌기 때문에 던져지기 전의 근원적 세계로 "돌아가려고" 한다. 이것은 시인이 갖고 있는 실존적 의지의 움직임이다. 이제는 더이상 "내던져지는" 것이 아니라 "근원"의 세계를 향해 "가야 할 길"을 응시하며 자신의 전부를 "내던지는" 일이 남아 있다. 에덴 동산에서 전락한 아담과 하와는 동산의 생명나무를 그리워하면서 본향에로의 복귀를 갈망하지 않았는가? 시인 또한 "자유로운" 항해의 "발걸음"을 가로 막는 수많은 고통의 격랑激浪 속으로 자신의 전 존재와 온생명을 "내던진다". 그 한계의 격랑을 돌파하고 초월하여 본질적 "근원"의 해안으로 "돌아가는" 귀항歸航의 "길"을 멈추지 않는다.

그렇다면 시인으로 하여금 근원의 세계로 돌아오는 "발걸음"을 지치지 않게 만드는 힘은 무엇일까? 마르틴 하이데거가 "시인 중의 시인"이라고 격찬했던 시인 프리드리히 횔덜린F. Hoederlin은 자신의 시 「하이델베르크」에서 근원적 세계로 돌아가는 시인의 실존적 "발걸음"을 "바다"의 넓은 품으로 흘러들어가는 "강"의 물결에 비유한 바 있다. 횔덜린의 시에서 "강"의 움직임을 주목해보자. "강"은 강변의 성곽과 마을과 숲 등 온갖 사물 세계와 이별하는 것을 몹시 슬퍼한다. 그러나 "슬프지만 기쁘게" 라는 시인의 발언이 말해 주듯이 "강"은 근원의 세계인 "바다"를 향한 물결의 "발걸음"을 멈추지 않을뿐만 아니라 강변에 펼쳐진 "나무"와 "숲"의 생명력을 남김 없이 받아들여 더욱 맑아진 물빛의 "새로운 안목"으로 더욱 "기쁜" 여정의 물길을 "열고" 있다. "근원"의 해안으로 귀항歸航하는 한정숙 시인의 '시'라는 선박 또한 자연의 생명력을 받아들여 본향의 항구로 돌아가는 귀항歸港의 항해길을 더욱 "가볍고" 더욱 "자유롭게" 영위하고 있다. 한정숙의 시적詩的 항로의 "발걸음"을 지치지 않도록 실존적 에너지를 불어 넣어 주는 의지의 원천이 바로 자연이다. 그러하기에 한정숙의 시는 그와 자연 간의 물아일체物我一體적 하나됨의 결실이라고 감히 말할 수 있지 않겠는가? 시 「봄비」가 필자의 안목을 대변하고 있다. 봄비의 편지를 읽어보자.

온 세상이 세례받는 날
다시 태어나는 경이로움이여

설한은 남루 벗어버리고
싱그럽게 춤추는 축제 마당에는
설레임의 출발점
만상이 깃발로 펄럭인다

봄비는
우주의 신비
열리는 새 하늘 향해

손 높이 들게 한다

천둥조차 함성으로 울려 퍼진다

—시 「봄비」 전문, 시집 『꽃 앞에서』

시인의 마음과 내면을 자궁에 비유한다면 그곳에 가득 넘치는 자연의 빛, 자연의 향기, 자연의 소리는 감성의 양수羊水로 가득 넘쳐 흘러서 '시' 라는 태아를 기른다. '시' 는 나무의 초록빛을 먹고 꽃의 향기와 새의 노래를 마시며 튼실한 아이로 자라난다. 산모와도 같은 시인의 상상력을 모유로 흡수하여 성장한 '시' 라는 이름의 총아寵兒여! '시' 는 "봄비" 의 생명력으로 "세례받는" 동시에 새로운 안목이 열리는 신생新生의 "경이로움" 을 맛본다. 이 "경이로움" 은 시인이 자연의 "만상" 과 함께 나누고 있는 교감의 만찬이다. 신랑과 신부의 합방을 축복하듯이 시인과 자연의 조화로운 하나됨을 기뻐하는 시인의 내면의 갈채 소리가 들려온다. 그 소리는 다름 아닌 자연의 생명력이 시인의 내면의 스펀지에 촉촉이 젖어들어가는 희열의 소리이기도 하다. 이 물아일체적 "설레임" 의 희열은 "펄럭이는 만상의 깃발" 과 "천둥의 함성" 으로 변용된다. 남대천으로 돌아가는 연어의 귀향을 닮은 시인의 근원적 귀항歸航에 정신적 에너지를 공급하는 것이 자연의 "깃발" 과 자연의 "함성" 임을 한정숙의 시 「그대는」에서 읽을 수 있다.

그대는

해로 떠 있었던가

서녘

산 너머로 사라지면

나의 세상은

적막강산

눈 감으면

헤매던 꿈길일지라도

날이 새면

저 높은 곳으로부터

빛으로 오리란

믿음 때문에

희망의 끈을 잡고

때를 기다릴 제

기쁨의 새날 될

깃발은 펄럭이고

그대는 또 다시

해로 뜨는가

—시 「그대는」 전문, 시집 『꽃 앞에서』

본향의 주인이신 "그대"를 만나는 날이 시인에게 육신의 아픔도 망각시킬 만큼 "기쁨의 새날"이 되고 있다. 이 경이로움은 "펄럭이는 깃발"과 "천둥의 함성"에 힘입은 것이다. 자연의 생명력인 "만상의 깃발"은 "근원"의 집으로 가는 길을 가리켜 주는 "기쁨"의 이정표가 된다. 자연의 생명력인 "천둥의 함성"은 시인으로 하여금 "새날"을 향한 "희망의 끈"을 붙들게 만드는 실존적 손手의 힘이 되고 있다. 그런데, 한정숙의 시에서 얻을 수 있는 문학적 의의는 자연과 시인의 생태적 합일이 신神과 구도자의 영성적靈性的 합일을 비추어주는 거울 역할을 한다는 점이다. 시인과 교감을 나누는 자연의 "만상"이 신성神性의 메신저이자 대변자로서 존재하기 때문이다. 시인은 신의 가르침을 인간의 언어로 번역하여 세상에 전해 주는 존재이지만 신의 뜻을 해석할 수 있는 창조적 영감과 예지를 시인에게 선사해 주는 조력자가 있다. 그가 바로 자연인 것이다. 이런 시각으로 바라본다면 한정숙의 시에서 자연, 인간, 신은 이분법적 세계관이 아니라 일원론적一元論的 세계관에 의해 한몸의 한 핏줄을 나누고 있다.

왕이 되고자 하는 내 앞에

종으로 오시네

대접 받을 기대로 차 있을 때
섬기려 왔노라 말씀하시니

커지고 싶은 욕망 누르고
작아지신 당신 모습 바라보면서

낮은 자리로 돌아와 서니
빛과 사랑으로 넘쳐나네요

—시 「중생」 전문, 시집 『꽃 앞에서』

시인에 의해 "빛"으로 예찬받는 "그대"는 신을 문학적으로 변용시킨 존재다. "그대"는 "빛"의 생명력으로 시인의 시를 성화시킨다. 시는 "그대"인 신에 의해 성화된 몸이다. 시의 언어는 신의 "말씀"으로 지어진 성결한 예복이다. 그 언어의 예복을 지은 옷감은 신의 "사랑"이다. 사랑의 오색실로 직조된 세마포옷이 한정숙의 시적詩的 언어다. 그러나 이 '시적 언어'라는 세마포옷은 신의 사랑과 함께 자연의 생명이 연합하여 직조한 순수의 결정체다. 이것은 한정숙의 시에서 추출할 수 있는 가장 대표적인 문학적 요소다. 신의 말씀은 북이 되고 신의 사랑은 베틀이 되어 시인의 정신과 감성과 영성을 씨실로 엮고 자연의 빛과 향기와 소리를 날실로 교직하여 시인을 "새로운 안목"의 길로 인도할 새 생명의 예복을 지어 입혀 준 것이다. '성찬 예식' 에 어울리는 하늘빛의 예복을 … .
(시「성찬 예식」 참조)